EM BUSCA DO AVIVAMENTO

ABELÍCIO GONÇALVES

Ficha Técnica

Título: Em Busca do Avivamento

Autor: Abelício Simone Gonçalves

ID do Direito Autoral: DA-2024-065092

ISBN: 978-65-01-19502-5

Ano de Publicação: 2024

Edição: 1ª Edição

Género: Religião / Espiritualidade Cristã

Idioma: Português

Dados Internacionais de Catalogação na Publicação (CIP)
(Câmara Brasileira do Livro, SP, Brasil)

```
Gonçalves, Abelício
   Em busca do avivamento / Abelício Gonçalves. --
Balneário Camboriú, SC : Ed. do Autor, 2024.

   ISBN 978-65-01-19502-5

   1. Avivamentos 2. Cristianismo - Essência,
natureza, etc. 3. Espírito Santo - Doutrina bíblica
4. Espírito Santo - Meditações 5. Milagres 6. Oração
- Cristianismo - Meditações 7. Oração - Ensino
bíblico I. Título.

24-233983                                    CDD-269
```

Índices para catálogo sistemático:

1. Avivamento espiritual : Cristianismo   269

Aline Graziele Benitez - Bibliotecária - CRB-1/3129

Sumário

Dedicatória

Dedico este livro, primeiramente, a Deus, que em sua infinita graça e misericórdia me alcançou e acendeu em mim a chama do avivamento. Sem o Seu Espírito Santo, este livro jamais teria sido possível.

E a todos aqueles que anseiam por um avivamento genuíno em suas vidas. Que este livro seja uma ferramenta para despertar a chama do Espírito em seus corações e inspirá-los a viver em busca de uma profunda transformação espiritual.

Agradecimentos

Agradeço, primeiramente, a Deus, que me concedeu a graça, a sabedoria e a inspiração necessárias para escrever este livro. Toda honra e glória pertencem a Ele, que em Sua infinita bondade me chamou para compartilhar Sua mensagem de avivamento.

Agradeço também a todos os amigos, irmãos em Cristo e familiares que me encorajaram ao longo desta jornada, oferecendo suas orações, palavras de incentivo e conselhos valiosos. Cada um de vocês, de uma forma ou de outra, contribuiu para que este sonho se tornasse realidade.

Introdução

O avivamento não é apenas um evento histórico ou religioso; é um despertar profundo que começa dentro de cada um de nós. No livro "Em Busca do Avivamento", exploramos o que significa realmente viver um avivamento — como ele ocorre e o impacto que ele pode ter nas vidas individuais, nas igrejas e em sociedades inteiras. Baseado em exemplos bíblicos e históricos, o livro busca trazer à luz a importância dessa renovação espiritual.

Minha própria jornada em busca do avivamento começou no momento da minha conversão, quando experimentei o poder transformador de Deus de uma forma pessoal e única. Compartilho essas experiências para inspirar outros a buscarem essa renovação em suas vidas. O avivamento não é uma série de práticas ou rituais, mas um movimento do Espírito Santo que toca profundamente o coração humano.

O objectivo deste livro é encorajar você a iniciar sua própria busca pelo avivamento. Através da oração, da leitura da Palavra e de uma entrega total a Deus, é possível experimentar essa transformação. O avivamento começa em cada um de nós e, a partir de nossas vidas, pode se espalhar para impactar o mundo ao nosso redor.

Capítulo 1

Entendendo o Avivamento

Quando nós vamos falar de avivamento eu acredito que o reavivamento não pode ficar de fora, por serem conceitos que andam de mãos dadas. **O que seria o avivamento?**

Quando vamos olhar para o dicionário nós podemos encontrar o conceito de avivamento como o ato de se avivar, ou seja, de se tornar mais vivo, mais activo, mais intenso, despertado e nítido. Tendo em conta que o termo avivamento é mais teológico do que gramatical, podemos ver avivamento também como dar vida alguém que se encontrava morto e reavivamento como dar vida a alguém que um dia viveu, mas por alguma circunstância encontrou-se morta. Não estamos a falar da morte física, se tratando de morte física para aqueles que morreram nós chamaríamos de ressurreição e não avivamento ou reavivamento.

Ao longo da história acredito que você já tenha ouvido falar de um dos avivamentos que vamos fazer menção aqui, gostaria de destacar somente três deles: **O Avivamento da Reforma Protestante, O Avivamento da Rua Azusa e o Avivamento do País de Gales.**

Passo a compartilhar informações que tive ao fazer o estudo desses 3 avivamentos, não são os únicos ocorridos no mundo, mas são os 3 que eu escolhi destacar nesse livro:

1. O Avivamento da Reforma Protestante (século XVI)

O avivamento da Reforma Protestante começou no início do século XVI e foi liderado por figuras como **Martinho Lutero, João Calvino e Ulrico Zwinglio.** Este movimento surgiu em resposta à corrupção na Igreja Católica, especialmente na venda de indulgências e na falta de fidelidade às Escrituras.

As características desse avivamento foram:

Retorno às Escrituras

Os reformadores enfatizaram a Sola Scriptura (somente a Escritura) como a única autoridade em questões de fé e prática.

Justificação pela Fé

Lutero proclamou a doutrina da justificação pela fé, que afirmava que a salvação é um dom de Deus, acessível a todos que crêem, e não através de obras.

Formação de Igrejas Protestantes

O movimento levou à criação de diversas denominações protestantes, que buscavam uma adoração mais fiel às Escrituras e uma vida cristã autêntica.

Despertar Espiritual

A Reforma não apenas reformou a doutrina, mas também levou a um renovado fervor espiritual, incentivando a oração, o estudo da Bíblia e a vida cristã em comunidade.

2. O Avivamento da Rua Azusa (1906-1915)

O Avivamento da Rua Azusa ocorreu em Los Angeles, na Califórnia, e é considerado um dos marcos do movimento pentecostal. Ele começou na missão da Rua Azusa, liderada pelo pastor negro **William J. Seymour**, que promovia um ambiente de adoração intensa e oração.

As características desse avivamento foram:

Baptismo no Espírito Santo

O avivamento enfatizava a experiência do baptismo no Espírito Santo, acompanhada por sinais como falar em línguas e manifestações sobrenaturais.

Diversidade e Inclusão

O movimento da Rua Azusa foi notável por sua diversidade racial e inclusão, reunindo pessoas de diferentes origens étnicas e sociais, desafiando as normas raciais da época.

Adoração Intensa

Os encontros eram marcados por oração fervorosa, louvor deslumbrante e experiências espirituais profundas.

3. O Avivamento do País de Gales (1904-1905)

O Avivamento do País de Gales começou em 1904 e foi liderado pelo jovem pregador **Evan Roberts.** Este avivamento surgiu em um contexto de descontentamento espiritual e moral na sociedade galesa.

As características desse avivamento foram:

Arrependimento e Confissão

O avivamento começou com um profundo senso de arrependimento e confissão de pecados entre os crentes. Evan Roberts pregava sobre a importância de se submeter completamente a Deus.

Experiências Espirituais

Muitas pessoas relataram experiências transformadoras e manifestações do Espírito Santo, como a alegria intensa, a cura e o falar em línguas.

Impacto Social

O avivamento teve um impacto significativo nas comunidades, levando à restauração de lares e relacionamentos, além de uma diminuição dos vícios e da criminalidade.

Com base nessas informações acredito que você veja a necessidade de um avivamento na igreja de hoje.

O que esses avivamentos tinham em comum?

Busca Sincera por Deus

Todos os avivamentos foram impulsionados por uma profunda busca por um relacionamento mais íntimo com Deus. As pessoas estavam insatisfeitas com a rotina religiosa e desejavam uma experiência espiritual autêntica.

Enfoque na Oração e no Arrependimento

A oração fervorosa e o arrependimento genuíno foram elementos centrais em cada avivamento. As pessoas se uniram em oração, clamando a Deus por transformação pessoal e colectiva.

Experiência do Espírito Santo

O avivamento da Rua Azusa e o do País de Gales, em particular, enfatizaram a importância da experiência do baptismo no Espírito Santo e dos dons espirituais. Na Reforma, o Espírito Santo foi reconhecido como agente de transformação e renovação.

Impacto na Comunidade

Cada avivamento teve um efeito significativo nas comunidades onde ocorreu. Eles não só transformaram a vida espiritual dos indivíduos, mas também impactaram a sociedade, levando a mudanças sociais, morais e éticas.

Inclusão e Unidade

O avivamento da Rua Azusa é um exemplo marcante de inclusão, reunindo pessoas de diferentes origens étnicas e sociais. A unidade em Cristo foi um princípio fundamental em todos os movimentos, promovendo a reconciliação e a paz entre os crentes.

Apesar de ter dito antes que faria menção somente de 3 avivamentos ocorridos, vejo a necessidade de falar de um caso que eu aprendi nas aulas de CAPED (Curso de Aperfeiçoamento de Professores da Escola Dominical), que eu considero um avivamento, apesar de não ter sido muito marcado pelas manifestações espirituais, acredito que se historicamente a Reforma Protestante é considerada um avivamento, a história da Escola Dominical também pode ser considerada um avivamento, passo agora a reescrever conforme aprendi durante as aulas de e de como estudei ainda mais sobre a história da Escola Dominical:

A história da Escola Dominical tem suas raízes na Inglaterra do século **XVIII** e é uma parte significativa da história cristã. O movimento da Escola Dominical começou com um homem chamado **Robert Raikes**, um editor de jornal em **Gloucester, Inglaterra.** Em 1780, Raikes ficou profundamente preocupado com as condições sociais e morais das crianças que viviam nas áreas urbanas, especialmente aquelas que trabalhavam longas horas nas fábricas e minas. Durante a semana, essas crianças não tinham acesso à educação, e aos domingos, dia em que não trabalhavam, eram frequentemente deixadas nas ruas, sem supervisão e sujeitas à delinquência.

Preocupado com essa situação, Raikes decidiu iniciar um movimento para ensinar essas crianças nos domingos, utilizando o dia de descanso como uma oportunidade para educá-las. Ele organizou as primeiras escolas dominicais para ensinar leitura, escrita e, principalmente, lições bíblicas. As aulas eram baseadas em princípios cristãos, e as crianças também eram ensinadas a ler a Bíblia.

Raikes acreditava que, por meio da educação e do ensino religioso, seria possível melhorar o comportamento moral e social dessas crianças. A iniciativa de Raikes rapidamente se espalhou pela Inglaterra e, eventualmente, por outras partes do mundo. As escolas dominicais se tornaram uma ferramenta eficaz para o ensino da Bíblia e a formação moral das crianças, influenciando gerações de jovens cristãos.

Embora o foco inicial fosse a educação de crianças pobres, com o tempo, a Escola Dominical se expandiu para incluir pessoas de todas as idades, tornando-se um elemento essencial na formação cristã e no ensino bíblico nas igrejas. Hoje, a Escola Dominical continua a ser um ministério importante em muitas igrejas ao redor do mundo, oferecendo ensino bíblico e discipulado para crianças e adultos.

Essa iniciativa foi um marco não só na história da igreja, mas também no desenvolvimento social e educacional das comunidades cristãs.

O impacto da Escola Dominical iniciada por Robert Raikes foi profundo e transformador, tanto no campo social quanto espiritual, ao ponto de se espalhar rapidamente pela Inglaterra e, posteriormente, pelo mundo. Inicialmente, as aulas eram simples e realizadas nas cozinhas de casas particulares ou em pequenas salas emprestadas por igrejas. Essas cozinhas serviam como locais improvisados, onde Raikes e outras pessoas que abraçaram o movimento ensinavam as crianças a ler, escrever e aprender sobre os ensinamentos cristãos.

Raikes começou sua primeira Escola Dominical em 1780, com um grupo de crianças pobres de Gloucester, Inglaterra. As lições eram dadas aos domingos porque esse era o único dia em que as crianças, muitas das quais trabalhavam longas horas durante a semana em fábricas e minas, tinham tempo livre. A ideia se espalhou rapidamente e, em apenas uma década, cerca de **250.000** crianças estavam participando de Escolas Dominicais em toda a Inglaterra.

Essas aulas não apenas ensinavam as crianças a ler, usando a Bíblia como o principal livro-texto, mas também se tornaram um dos primeiros esforços organizados para oferecer educação a crianças da classe trabalhadora. O impacto foi significativo, uma vez que muitos dos jovens participantes, que de outra forma não teriam acesso à educação formal, saíam das aulas com habilidades básicas de leitura e escrita, além de conhecimento bíblico.

A partir de 1831, o movimento ganhou ainda mais força. De acordo com estimativas da época, havia mais de **1,25 milhão** de crianças matriculadas nas Escolas Dominicais na Inglaterra, o que representava cerca de 25% da população infantil do país. Esse crescimento acelerado foi atribuído ao empenho das igrejas e voluntários cristãos, que viram na Escola Dominical uma forma de evangelismo e reforma moral.

Internacionalmente, o movimento também ganhou fôlego, com escolas sendo estabelecidas em países como os Estados Unidos e em diversas colónias britânicas. Nos Estados Unidos, o movimento foi essencial no crescimento das igrejas protestantes e na disseminação do ensino cristão.

O impacto social da Escola Dominical foi sentido especialmente nas classes mais pobres. Ao proporcionar educação, valores morais e princípios bíblicos, a Escola Dominical ajudou a moldar o comportamento de milhares de jovens e contribuiu para reduzir a criminalidade e a marginalização infantil. Além disso, formou gerações que não só aprenderam a ler, mas também cresceram com um forte fundamento cristão, levando muitos a se tornarem líderes nas suas comunidades e igrejas.

A visão de Robert Raikes, que começou de forma tão modesta em cozinhas e salas pequenas, acabou por mudar a face da educação cristã e se tornar um movimento global com efeitos duradouros na fé e na sociedade.

Sim, eu considero o movimento da Escola Dominical como um tipo de avivamento, embora em uma forma diferente do que muitos associam a avivamentos tradicionais. O avivamento geralmente envolve um despertar espiritual profundo, caracterizado por uma renovação da fé, conversões em massa e uma transformação significativa na vida das pessoas e das comunidades. Embora a Escola Dominical não tenha sido marcada por eventos milagrosos ou grandes manifestações espirituais visíveis, ela provocou uma transformação espiritual e social de enorme impacto, especialmente em termos de evangelismo.

Hoje, eu sou fruto do trabalho realizado na Escola Dominical, não me canso de louvar a Deus pela vida de todos os professores da escola dominical que um dia ministraram uma aula para mim e graças a Deus tive a oportunidade de ser formado também para dar continuidade com esse trabalho de ensino da palavra como professor da escola dominical.

Capítulo 2

Avivamentos na Bíblia (Antigo Testamento)

Como eu dizia anteriormente no capítulo 1 o termo avivamento é mais teológico do que gramatical e se é teológico nós precisamos encontramos o avivamento na Bíblia, fiquei muito feliz porque eu pude encontrar avivamentos acontecendo não só no Novo Testamentos onde nós focamos mais nos acontecimentos de Actos 2 quando falamos do avivamento, vamos ver a seguir alguns **avivamentos que acontecerem no Antigo Testamento.**

Esse será um capítulo um pouco longo por conta dos versículos que vou deixar aqui, mas será necessário para melhor compreensão desses acontecimentos, passo a citar alguns avivamentos ocorridos no Antigo Testamento:

O Avivamento de Josias (2 Reis 22-23; 2 Crônicas 34-35)

II Crônicas Cap. 34

1 Josias tinha oito anos de idade quando começou a reinar e reinou trinta e um anos em Jerusalém.

2 Ele fez o que o SENHOR aprova e andou nos caminhos de Davi, seu predecessor, sem desviar-se nem para a direita nem para a esquerda.

3 No oitavo ano do seu reinado, sendo ainda bem jovem, ele começou a buscar o Deus de Davi, seu predecessor. No décimo segundo ano, começou a purificar Judá e Jerusalém dos altares idólatras, dos postes sagrados, das imagens esculpidas e dos ídolos de metal.

4 Sob as suas ordens foram derrubados os altares dos baalins; além disso, ele despedaçou os altares de incenso que ficavam acima deles. Também despedaçou e reduziu a pó os postes sagrados, as imagens esculpidas e os ídolos de metal, e os espalhou sobre os túmulos daqueles que lhes haviam oferecido sacrifícios.

5 Depois queimou os ossos dos sacerdotes sobre esses altares, purificando assim Judá e Jerusalém.

6 Nas cidades das tribos de Manassés, de Efraim e de Simeão, e até mesmo de Naftali, e nas ruínas ao redor delas,

7 derrubou os altares e os postes sagrados, esmagou os ídolos, reduzindo-os a pó, e despedaçou todos os altares de incenso espalhados por Israel. Então voltou para Jerusalém.

8 No décimo oitavo ano do seu reinado, a fim de purificar o país e o templo, ele enviou Safã, filho de Azalias, e Maaseias, governador da cidade, junto com Joá, filho do arquivista real Joacaz, para restaurarem o templo do SENHOR, o seu Deus.

9 Eles foram entregar ao sumo sacerdote Hilquias a prata que havia sido trazida ao templo de Deus e que os porteiros levitas haviam recolhido das ofertas do povo de Manassés e de Efraim, e de todo o remanescente de Israel, e também de todo o povo de Judá e de Benjamim e dos habitantes de Jerusalém.

10 Confiaram a prata aos homens nomeados para supervisionarem a reforma no templo do SENHOR, os quais pagavam os trabalhadores que faziam os reparos no templo.

11 Também deram dessa prata aos carpinteiros e aos construtores para comprarem pedras lavradas e madeira para as juntas e as vigas dos edifícios que os reis de Judá haviam deixado ficar em ruínas.

12 Esses homens fizeram o trabalho com fidelidade. Eram dirigidos por Jaate e Obadias, levitas descendentes de Merari, e por Zacarias e Mesulão, descendentes de Coate. Todos os levitas que sabiam tocar instrumentos musicais

13 estavam encarregados dos operários e supervisionavam todos os trabalhadores em todas as funções. Outros levitas eram secretários, oficiais e porteiros.

14 Enquanto recolhiam a prata que tinha sido trazida para o templo do SENHOR, o sacerdote Hilquias encontrou o Livro da Lei do SENHOR que havia sido dada por meio de Moisés.

15 Hilquias disse ao secretário Safã: "Encontrei o Livro da Lei no templo do SENHOR". E o entregou a Safã.

16 Então Safã levou o Livro ao rei e lhe informou: "Teus servos estão fazendo tudo o que lhes foi ordenado.

17 Fundiram a prata que estava no templo do SENHOR e a confiaram aos supervisores e aos trabalhadores".

18 E acrescentou: "O sacerdote Hilquias entregou-me um livro". E Safã leu trechos do Livro para o rei.

19 Assim que o rei ouviu as palavras da Lei, rasgou suas vestes

20 e deu estas ordens a Hilquias, a Aicam, filho de Safã, a Abdom, filho de Mica , ao secretário Safã e ao auxiliar real Asaías:

21 "Vão consultar o SENHOR por mim e pelo remanescente de Israel e de Judá acerca do que está escrito neste livro que foi encontrado. A ira do SENHOR contra nós deve ser grande, pois os nossos antepassados não obedeceram à palavra do SENHOR e não agiram de acordo com tudo o que está escrito neste livro".

22 Hilquias e aqueles que o rei tinha enviado com ele foram falar com a profetisa Hulda, mulher de Salum, filho de Tocate e neto de Harás, e responsável pelo guarda-roupa do templo. Ela morava no bairro novo de Jerusalém.

23 Hulda lhes disse: "Assim diz o SENHOR, o Deus de Israel: 'Digam ao homem que os enviou a mim:

24 Assim diz o SENHOR: Eu vou trazer uma desgraça sobre este lugar e sobre os seus habitantes; todas as maldições escritas no livro que foi lido na presença do rei de Judá.

25 Porque me abandonaram e queimaram incenso a outros deuses, provocando a minha ira por meio de todos os ídolos que as mãos deles têm feito , minha ira arderá contra este lugar e não será apagada'.

26 Digam ao rei de Judá, que os enviou para consultar o SENHOR: Assim diz o SENHOR, o Deus de Israel, acerca das palavras que você ouviu:

27 'Já que o seu coração se abriu e você se humilhou diante de Deus quando ouviu o que ele falou contra este lugar e contra os seus habitantes e você se humilhou diante de mim, rasgou as suas vestes e chorou na minha presença, eu o ouvi', declara o SENHOR.

28 'Portanto, eu o reunirei aos seus antepassados, e você será sepultado em paz. Seus olhos não verão a desgraça que trarei sobre este lugar e sobre os seus habitantes' ". Então eles levaram a resposta a Josias.

29 Em face disso, o rei convocou todas as autoridades de Judá e de Jerusalém.

30 Depois subiu ao templo do SENHOR acompanhado por todos os homens de Judá, todo o povo de Jerusalém, os sacerdotes e os levitas: todo o povo, dos mais simples aos mais importantes. Para todos o rei leu em alta voz todas as palavras do Livro da Aliança, que havia sido encontrado no templo do SENHOR.

31 Ele tomou o seu lugar e, na presença do SENHOR, fez uma aliança, comprometendo-se a seguir o SENHOR e obedecer de todo o coração e de toda a alma aos seus mandamentos, aos seus testemunhos e aos seus decretos, cumprindo as palavras da aliança escritas naquele livro.

32 Depois fez com que todos em Jerusalém e em Benjamim se comprometessem com a aliança; os habitantes de Jerusalém passaram a cumprir a aliança de Deus, o Deus dos seus antepassados.

33 Josias retirou todos os ídolos detestáveis de todo o território dos israelitas e obrigou todos os que estavam em Israel a servirem ao SENHOR, o seu Deus. E enquanto ele viveu, o povo não deixou de seguir o SENHOR, o Deus dos seus antepassados.

II Crônicas Cap. 35

1 Josias celebrou a Páscoa do SENHOR em Jerusalém, e o cordeiro da Páscoa foi abatido no décimo quarto dia do primeiro mês.

2 Ele nomeou os sacerdotes para as suas responsabilidades e os encorajou a se dedicarem ao serviço no templo do SENHOR.

3 Ele disse aos levitas que instruíam todo o Israel e haviam sido consagrados ao SENHOR: "Ponham a arca sagrada no templo construído por Salomão, filho de Davi, rei de Israel. Vocês não precisam mais levá-la de um lado para outro sobre os ombros. Agora sirvam ao SENHOR, o seu Deus, e a Israel, o povo dele.

4 Preparem-se por famílias, em suas divisões, de acordo com a orientação escrita por Davi, rei de Israel, e por seu filho Salomão.

5 "Fiquem no Lugar Santo com um grupo de levitas para cada subdivisão das famílias do povo.

6 Abatam os cordeiros da Páscoa, consagrem-se e preparem os cordeiros para os seus irmãos israelitas, fazendo o que o SENHOR ordenou por meio de Moisés".

7 Josias deu a todo o povo que ali estava um total de trinta mil ovelhas e cabritos para as ofertas da Páscoa, além de três mil bois; tudo foi tirado dos bens pessoais do rei.

8 Seus oficiais também contribuíram voluntariamente para o povo, para os sacerdotes e para os levitas. Hilquias, Zacarias e Jeiel, os administradores do templo de Deus, deram aos sacerdotes duas mil e seiscentas ovelhas e cabritos e trezentos bois.

9 Também Conanias, com seus irmãos Semaías e Natanael, e os líderes dos levitas Hasabias, Jeiel e Jozabade ofereceram aos levitas cinco mil ovelhas e cabritos e quinhentos bois.

10 O serviço foi organizado e os sacerdotes assumiram os seus lugares com os levitas em seus turnos, conforme o rei ordenara.

11 Os cordeiros da Páscoa foram abatidos, e os sacerdotes aspergiram o sangue que lhes fora entregue, enquanto os levitas tiravam a pele dos animais.

12 Eles separaram também os holocaustos para dá-los aos grupos das famílias do povo, para que elas os oferecessem ao SENHOR, conforme está escrito no Livro de Moisés; e fizeram o mesmo com os bois.

13 Assaram os animais da Páscoa sobre o fogo, conforme prescrito, cozinharam as ofertas sagradas em potes, caldeirões e panelas, e serviram rapidamente todo o povo.

14 Depois disso, os levitas prepararam a parte deles e a dos sacerdotes, pois estes, descendentes de Arão, ficaram sacrificando os holocaustos e as porções de gordura até o anoitecer. Foi por isso que os levitas prepararam a parte deles e a dos sacerdotes, descendentes de Arão.

15 Os músicos, descendentes de Asafe, estavam nos locais prescritos por Davi e por Asafe, Hemã e Jedutum, vidente do rei. Os porteiros que guardavam cada porta não precisaram deixar os seus postos, pois os seus colegas levitas prepararam as ofertas para eles.

16 Assim, naquele dia, todo o serviço do SENHOR foi executado para a celebração da Páscoa e para a apresentação de holocaustos no altar do SENHOR, conforme o rei Josias havia ordenado.

17 Os israelitas que estavam presentes celebraram a Páscoa naquele dia e durante sete dias celebraram a festa dos pães sem fermento.

18 A Páscoa não havia sido celebrada dessa maneira em Israel desde os dias do profeta Samuel; e nenhum dos reis de Israel havia celebrado uma Páscoa como esta, como o fez Josias, com os sacerdotes, os levitas e todo o Judá e Israel que estavam ali com o povo de Jerusalém.

19 Esta Páscoa foi celebrada no décimo oitavo ano do reinado de Josias.

Os acontecimentos a cima descritos são os mesmos que estão em **2 Reis 22-23**, por isso não há necessidade de colocar os versículos aqui, mas fica aí marcado para poder conferir caso seja necessário.

Durante o reinado do rei Josias, Israel havia se afastado das práticas de adoração a Deus, e o culto ao Senhor havia sido negligenciado.

As características desse avivamento foram:

Descoberta do Livro da Lei

O sacerdote Hilquias encontrou o Livro da Lei no templo, e sua leitura trouxe convicção e arrependimento ao rei e ao povo.

Reforma Religiosa

Josias instituiu reformas significativas, destruiu ídolos e restabeleceu o culto ao Senhor, convocando o povo a retornar à verdadeira adoração.

Páscoa

Ele celebrou a Páscoa como não havia sido feita em muitos anos, reunindo o povo e restaurando a adoração.

O Avivamento de Esdras e Neemias (Esdras 7-10; Neemias 8-10)

Neemias Cap. 8

1 Quando chegou o sétimo mês e os israelitas tinham se instalado em suas cidades, todo o povo juntou-se como se fosse um só homem na praça, em frente da porta das Águas. Pediram ao escriba Esdras que trouxesse o Livro da Lei de Moisés, que o SENHOR dera a Israel.

2 Assim, no primeiro dia do sétimo mês, o sacerdote Esdras trouxe a Lei diante da assembleia, que era constituída de homens e mulheres e de todos os que podiam entender.

3 Ele a leu em alta voz desde o raiar da manhã até o meio-dia, de frente para a praça, em frente da porta das Águas, na presença dos homens, mulheres e de outros que podiam entender. E todo o povo ouvia com atenção a leitura do Livro da Lei.

4 O escriba Esdras estava numa plataforma elevada, de madeira, construída para a ocasião. Ao seu lado, à direita, estavam Matitias, Sema, Anaías, Urias, Hilquias e Maaseias; e à esquerda estavam Pedaías, Misael, Malquias, Hasum, Hasbadana, Zacarias e Mesulão.

5 Esdras abriu o Livro diante de todo o povo, e este podia vê-lo, pois ele estava num lugar mais alto. E, quando abriu o Livro, o povo todo se levantou.

6 Esdras louvou o SENHOR, o grande Deus, e todo o povo ergueu as mãos e respondeu: "Amém! Amém!" Então eles adoraram o SENHOR, prostrados com o rosto em terra.

7 Os levitas Jesua, Bani, Serebias, Jamim, Acube, Sabetai, Hodias, Maaseias, Quelita, Azarias, Jozabade, Hanã e Pelaías, instruíram o povo na Lei, e todos permaneciam ali.

8 Leram o Livro da Lei de Deus, interpretando-o e explicando-o, a fim de que o povo entendesse o que estava sendo lido.

9 Então Neemias, o governador, Esdras, o sacerdote e escriba, e os levitas que estavam instruindo o povo disseram a todos: "Este dia é consagrado ao SENHOR, o nosso Deus. Nada de tristeza e de choro!" Pois todo o povo estava chorando enquanto ouvia as palavras da Lei.

10 E Neemias acrescentou: "Podem sair, e comam e bebam do melhor que tiverem, e repartam com os que nada têm preparado. Este dia é consagrado ao nosso Senhor. Não se entristeçam, porque a alegria do SENHOR os fortalecerá".

11 Os levitas tranquilizaram todo o povo, dizendo: "Acalmem-se, porque este é um dia santo. Não fiquem tristes!"

12 Então todo o povo saiu para comer, beber, repartir com os que nada tinham preparado e para celebrar com grande alegria, pois agora compreendiam as palavras que lhes foram explicadas.

13 No segundo dia do mês, os chefes de todas as famílias, os sacerdotes e os levitas reuniram-se com o escriba Esdras para estudarem as palavras da Lei.

14 Descobriram na Lei que o SENHOR tinha ordenado, por meio de Moisés, que os israelitas deveriam morar em tendas durante a festa do sétimo mês.

15 Por isso anunciaram em todas as suas cidades e em Jerusalém: "Saiam às montanhas e tragam ramos de oliveiras cultivadas, de oliveiras silvestres, de murtas, de tamareiras e de árvores frondosas, para fazerem tendas, conforme está escrito ".

16 Então o povo saiu e trouxe os ramos, e eles mesmos construíram tendas nos seus terraços, nos seus pátios, nos pátios do templo de Deus e na praça junto à porta das Águas e na que fica junto à porta de Efraim.

17 Todos os que tinham voltado do exílio construíram tendas e moraram nelas. Desde os dias de Josué, filho de Num, até aquele dia, os israelitas não tinham celebrado a festa dessa maneira. E grande foi a alegria deles.

18 Dia após dia, desde o primeiro até o último dia da festa, Esdras leu o Livro da Lei de Deus. Eles celebraram a festa durante sete dias, e no oitavo dia, conforme o ritual, houve uma reunião solene.

Neemias Cap. 9

1 No vigésimo quarto dia do mês, os israelitas se reuniram, jejuaram, vestiram pano de saco e puseram terra sobre a cabeça.

2 Os que eram de ascendência israelita tinham se separado de todos os estrangeiros. Levantaram-se nos seus lugares, confessaram os seus pecados e a maldade dos seus antepassados.

3 Ficaram onde estavam e leram o Livro da Lei do SENHOR, do seu Deus, durante três horas, e passaram outras três horas confessando os seus pecados e adorando o SENHOR, o seu Deus.

4 Em pé, na plataforma, estavam os levitas Jesua, Bani, Cadmiel, Sebanias, Buni, Serebias, Bani e Quenani, que em alta voz clamavam ao SENHOR, o seu Deus.

5 E os levitas Jesua, Cadmiel, Bani, Hasabneias, Serebias, Hodias, Sebanias e Petaías conclamavam o povo, dizendo: "Levantem-se e louvem o SENHOR, o seu Deus, que vive para todo o sempre. "Bendito seja o teu nome glorioso! A tua grandeza está acima de toda expressão de louvor.

6 Só tu és o SENHOR. Fizeste os céus, e os mais altos céus, e tudo o que neles há, a terra e tudo o que nela existe, os mares e tudo o que neles existe. Tu deste vida a todos os seres, e os exércitos dos céus te adoram.

7 "Tu és o SENHOR, o Deus que escolheu Abrão, trouxe-o de Ur dos caldeus e deu-lhe o nome de Abraão.

8 Viste que o coração dele era fiel, e fizeste com ele uma aliança, prometendo dar aos seus descendentes a terra dos cananeus, dos hititas, dos amorreus, dos ferezeus, dos jebuseus e dos girgaseus. E cumpriste a tua promessa porque tu és justo.

9 "Viste o sofrimento dos nossos antepassados no Egito, e ouviste o clamor deles no mar Vermelho.

10 Fizeste sinais e maravilhas contra o faraó e todos os seus oficiais e contra todo o povo da sua terra, pois sabias com quanta arrogância os egípcios os tratavam. Alcançaste renome, que permanece até hoje.

11 Dividiste o mar diante deles, para que o atravessassem a seco, mas lançaste os seus perseguidores nas profundezas, como uma pedra em águas agitadas.

12 Tu os conduziste de dia com uma nuvem e de noite com uma coluna de fogo, para iluminar o caminho que tinham que percorrer.

13 "Tu desceste ao monte Sinai; dos céus lhes falaste. Deste-lhes ordenanças justas, leis verdadeiras, decretos e mandamentos excelentes.

14 Fizeste que conhecessem o teu sábado santo e lhes deste ordens, decretos e leis por meio de Moisés, teu servo.

15 Na fome deste-lhes pão do céu, e na sede tiraste para eles água da rocha; mandaste-os entrar e tomar posse da terra que, sob juramento, tinhas prometido dar-lhes.

16 "Mas os nossos antepassados tornaram-se arrogantes e obstinados, e não obedeceram aos teus mandamentos.

17 Eles se recusaram a ouvir-te e esqueceram-se dos milagres que realizaste entre eles. Tornaram-se obstinados e, na sua rebeldia, escolheram um líder a fim de voltarem à sua escravidão. Mas tu és um Deus perdoador, um Deus bondoso e misericordioso, muito paciente e cheio de amor. Por isso não os abandonaste,

18 mesmo quando fundiram para si um ídolo na forma de bezerro e disseram: 'Este é o seu deus, que os tirou do Egito', ou quando proferiram blasfêmias terríveis.

19 "Foi por tua grande compaixão que não os abandonaste no deserto. De dia a nuvem não deixava de guiá-los em seu caminho, nem de noite a coluna de fogo deixava de brilhar sobre o caminho que deviam percorrer.

20 Deste o teu bom Espírito para instruí-los. Não retiveste o teu maná que os alimentava, e deste-lhes água para matar a sede.

21 Durante quarenta anos tu os sustentaste no deserto; nada lhes faltou, as roupas deles não se gastaram nem os seus pés ficaram inchados.

22 "Deste-lhes reinos e nações, cuja terra repartiste entre eles. Eles conquistaram a terra de Seom, rei de Hesbom, e a terra de Ogue, rei de Basã.

23 Tornaste os seus filhos tão numerosos como as estrelas do céu, e os trouxeste para entrar e possuir a terra que prometeste aos seus antepassados.

24 Seus filhos entraram e tomaram posse da terra. Tu subjugaste diante deles os cananeus, que viviam na terra, e os entregaste nas suas mãos, com os seus reis e com os povos daquela terra, para que os tratassem como bem quisessem.

25 Conquistaram cidades fortificadas e terra fértil; apossaram-se de casas cheias de bens, poços já escavados, vinhas, olivais e muitas árvores frutíferas. Comeram até fartar-se e foram bem alimentados; eles desfrutaram de tua grande bondade.

26 "Mas foram desobedientes e se rebelaram contra ti; deram as costas para a tua Lei. Mataram os teus profetas, que os tinham advertido que se voltassem para ti; e fizeram-te ofensas detestáveis.

27 Por isso tu os entregaste nas mãos de seus inimigos, que os oprimiram. Mas, quando foram oprimidos, clamaram a ti. Dos céus tu os ouviste, e na tua grande compaixão deste-lhes libertadores, que os livraram das mãos de seus inimigos.

28 "Mas, tão logo voltavam a ter paz, de novo faziam o que tu reprovas. Então tu os abandonavas às mãos de seus inimigos, para que dominassem sobre eles. E, quando novamente clamavam a ti, dos céus tu os ouvias e na tua compaixão os livravas vez após vez.

29 "Tu os advertiste que voltassem à tua Lei, mas eles se tornaram arrogantes e desobedeceram aos teus mandamentos. Pecaram contra as tuas ordenanças, pelas quais o homem vive se lhes obedece. Com teimosia, deram-te as costas, tornaram-se obstinados e recusaram ouvir-te.

30 E durante muitos anos foste paciente com eles. Por teu Espírito, por meio dos profetas, os advertiste. Contudo, não te deram atenção, de modo que os entregaste nas mãos dos povos vizinhos.

31 Graças, porém, à tua grande misericórdia, não os destruíste nem os abandonaste, pois és Deus bondoso e misericordioso.

32 "Agora, portanto, nosso Deus, ó Deus grande, poderoso e temível, fiel à tua aliança e misericordioso, não fiques indiferente a toda a aflição que veio sobre nós, sobre os nossos reis e sobre os nossos líderes, sobre os nossos sacerdotes e sobre os nossos profetas, sobre os nossos antepassados e sobre todo o teu povo, desde os dias dos reis da Assíria até hoje.

33 Em tudo o que nos aconteceu foste justo; agiste com lealdade mesmo quando fomos infiéis.

34 Nossos reis, nossos líderes, nossos sacerdotes e nossos antepassados não seguiram a tua Lei; não deram atenção aos teus mandamentos nem às advertências que lhes fizeste.

35 Mesmo quando estavam no reino deles, desfrutando da tua grande bondade, na terra espaçosa e fértil que lhes deste, eles não te serviram nem abandonaram os seus maus caminhos.

36 "Vê, porém, que hoje somos escravos, escravos na terra que deste aos nossos antepassados para que usufruíssem dos seus frutos e das outras boas coisas que ela produz.

37 Por causa de nossos pecados, a sua grande produção pertence aos reis que puseste sobre nós. Eles dominam sobre nós e sobre os nossos rebanhos como bem lhes parece. É grande a nossa angústia!

38 "Em vista disso tudo, estamos fazendo um acordo, por escrito, e assinado por nossos líderes, nossos levitas e nossos sacerdotes".

Neemias Cap. 10

1 Esta é a relação dos que o assinaram: Neemias, o governador, filho de Hacalias, e Zedequias,

2 Seraías, Azarias, Jeremias,

3 Pasur, Amarias, Malquias,

4 Hatus, Sebanias, Maluque,

5 Harim, Meremote, Obadias,

6 Daniel, Ginetom, Baruque,

7 Mesulão, Abias, Miamim,

8 Maazias, Bilgai e Semaías. Esses eram os sacerdotes.

9 Dos levitas: Jesua, filho de Azanias, Binui, dos filhos de Henadade, Cadmiel

10 e seus colegas: Sebanias, Hodias, Quelita, Pelaías, Hanã,

11 Mica, Reobe, Hasabias,

12 Zacur, Serebias, Sebanias,

13 Hodias, Bani e Beninu.

14 Dos líderes do povo: Parós, Paate-Moabe, Elão, Zatu, Bani,

15 Buni, Azgade, Bebai,

16 Adonias, Bigvai, Adim,

17 Ater, Ezequias, Azur,

18 Hodias, Hasum, Besai,

19 Harife, Anatote, Nebai,

20 Magpias, Mesulão, Hezir,

21 Mesezabel, Zadoque, Jadua,

22 Pelatias, Hanã, Anaías,

23 Oseias, Hananias, Hassube,

24 Haloês, Pílea, Sobeque,

25 Reum, Hasabna, Maaseias,

26 Aías, Hanã, Anã,

27 Maluque, Harim e Baaná.

28 "O restante do povo—sacerdotes, levitas, porteiros, cantores, servidores do templo e todos os que se separaram dos povos vizinhos por amor à Lei de Deus, com suas mulheres e com todos os seus filhos e filhas capazes de entender—

29 agora se une a seus irmãos, os nobres, e se obrigam sob maldição e sob juramento a seguir a Lei de Deus dada por meio do servo de Deus, Moisés, e a obedecer fielmente a todos os mandamentos, ordenanças e decretos do SENHOR, o nosso Senhor.

30 "Prometemos não dar nossas filhas em casamento aos povos vizinhos nem aceitar que as filhas deles se casem com os nossos filhos.

31 "Quando os povos vizinhos trouxerem mercadorias ou cereal para venderem no sábado ou em dia de festa, não compraremos deles nesses dias. Cada sete anos abriremos mão de trabalhar a terra e cancelaremos todas as dívidas.

32 "Assumimos a responsabilidade de, conforme o mandamento, dar anualmente quatro gramas para o serviço do templo de nosso Deus:

33 para os pães consagrados, para as ofertas regulares de cereal e para os holocaustos , para as ofertas dos sábados, das festas de lua nova e das festas fixas, para as ofertas sagradas, para as ofertas pelo pecado para fazer propiciação por Israel e para as necessidades do templo de nosso Deus.

34 "Também lançamos sortes entre as famílias dos sacerdotes, dos levitas e do povo, para escalar anualmente a família que deverá trazer lenha ao templo de nosso Deus, no tempo determinado, para queimar sobre o altar do SENHOR, o nosso Deus, conforme está escrito na Lei.

35 "Também assumimos a responsabilidade de trazer anualmente ao templo do SENHOR os primeiros frutos de nossas colheitas e de toda árvore frutífera.

36 "Conforme também está escrito na Lei, traremos o primeiro de nossos filhos e a primeira cria de nossos rebanhos, tanto de ovelhas como de bois, para o templo de nosso Deus, para os sacerdotes que ali estiverem ministrando.

37 "Além do mais, traremos para os depósitos do templo de nosso Deus, para os sacerdotes, a nossa primeira massa de cereal moído e as nossas primeiras ofertas de cereal, do fruto de todas as nossas árvores e de nosso vinho e azeite. E traremos o dízimo das nossas colheitas para os levitas, pois são eles que recolhem os dízimos em todas as cidades onde trabalhamos.

38 Um sacerdote descendente de Arão acompanhará os levitas quando receberem os dízimos, e os levitas terão que trazer um décimo dos dízimos ao templo de nosso Deus, aos depósitos do templo.

39 O povo de Israel, inclusive os levitas, deverão trazer ofertas de cereal, de vinho novo e de azeite aos depósitos onde se guardam os utensílios para o santuário. É onde os sacerdotes ministram e onde os porteiros e os cantores ficam. "Não negligenciaremos o templo de nosso Deus."

Após o exílio babilônico, Esdras e Neemias foram líderes que ajudaram a restaurar a vida espiritual e comunitária de Israel.

As características desse avivamento foram:

Retorno à Palavra de Deus

Esdras leu a Lei ao povo, e eles se reuniram para ouvir e entender as Escrituras. Isso resultou em arrependimento e uma renovação do compromisso com Deus.

Reedificação de Jerusalém

Neemias liderou a reconstrução dos muros de Jerusalém e incentivou o povo a se unir na obra de Deus.

Restauração da Adoração

O povo renovou a aliança com Deus, comprometendo-se a seguir Seus mandamentos e a adorar correctamente.

Desculpa por deixar a vossa leitura exaustiva, mas é necessário. Acredito também que vocês não tenham problemas com isso uma vez que já lemos os mesmos capítulos na Bíblia, então repetir mais uma vez não faz mal.

O Avivamento de Elias (1 Reis 18)

I Reis Cap. 18

1 Depois de um longo tempo, no terceiro ano da seca, a palavra do SENHOR veio a Elias: "Vá apresentar-se a Acabe, pois enviarei chuva sobre a terra".

2 E Elias foi. Como a fome era grande em Samaria,

3 Acabe convocou Obadias, o responsável por seu palácio, homem que temia muito o SENHOR.

4 Jezabel estava exterminando os profetas do SENHOR. Por isso Obadias reuniu cem profetas e os escondeu em duas cavernas, cinquenta em cada uma, e lhes forneceu comida e água.

5 Certa vez Acabe disse a Obadias: "Vamos a todas as fontes e vales do país. Talvez consigamos achar um pouco de capim para manter vivos os cavalos e as mulas e assim não será preciso matar nenhum animal".

6 Para isso dividiram o território que iam percorrer; Acabe foi numa direção e Obadias noutra.

7 Quando Obadias estava a caminho, Elias o encontrou. Obadias o reconheceu, inclinou-se até o chão e perguntou: "És tu mesmo, meu senhor Elias?"

8 "Sou", respondeu Elias. "Vá dizer ao seu senhor: 'Elias está aqui'."

9 "O que eu fiz de errado", perguntou Obadias, "para que entregues o teu servo a Acabe para ser morto?

10 Juro pelo nome do SENHOR, o teu Deus, que não há uma só nação ou reino aonde o rei, meu senhor, não enviou alguém para procurar por ti. E, sempre que uma nação ou reino afirmava que tu não estavas lá, ele os fazia jurar que não conseguiram encontrar-te.

11 Mas agora me dizes para ir dizer ao meu senhor: 'Elias está aqui'.

12 Não sei para onde o Espírito do SENHOR poderá levar-te quando eu te deixar. Se eu for dizer isso a Acabe e ele não te encontrar, ele me matará. E eu, que sou teu servo, tenho adorado o SENHOR desde a minha juventude.

13 Por acaso não ouviste, meu senhor, o que eu fiz enquanto Jezabel estava matando os profetas do SENHOR? Escondi cem dos profetas do SENHOR em duas cavernas, cinquenta em cada uma, e os abasteci de comida e água.

14 E agora me dizes que vá dizer ao meu senhor: 'Elias está aqui'. Ele vai me matar!"

15 E disse Elias: "Juro pelo nome do SENHOR dos Exércitos, a quem eu sirvo, que hoje eu me apresentarei a Acabe".

16 Então Obadias dirigiu-se a Acabe, passou-lhe a informação, e Acabe foi ao encontro de Elias.

17 Quando viu Elias, disse-lhe: "É você mesmo, perturbador de Israel?"

18 "Não tenho perturbado Israel", Elias respondeu. "Mas você e a família do seu pai têm. Vocês abandonaram os mandamentos do SE-NHOR e seguiram os baalins.

19 Agora convoque todo o povo de Israel para encontrar-se comigo no monte Carmelo. E traga os quatrocentos e cinquenta profetas de Baal e os quatrocentos profetas de Aserá, que comem à mesa de Jezabel."

20 Acabe convocou então todo o Israel e reuniu os profetas no monte Carmelo.

21 Elias dirigiu-se ao povo e disse: "Até quando vocês vão oscilar para um lado e para o outro? Se o SENHOR é Deus, sigam-no; mas, se Baal é Deus, sigam-no". O povo, porém, nada respondeu.

22 Disse então Elias: "Eu sou o único que restou dos profetas do SENHOR, mas Baal tem quatrocentos e cinquenta profetas.

23 Tragam dois novilhos. Escolham eles um, cortem-no em pedaços e o ponham sobre a lenha, mas não acendam fogo. Eu prepararei o outro novilho e o colocarei sobre a lenha, e também não acenderei fogo nela.

24 Então vocês invocarão o nome do seu deus, e eu invocarei o nome do SENHOR. O deus que responder por meio do fogo, esse é Deus". Então todo o povo disse: "O que você disse é bom".

25 Elias disse aos profetas de Baal: "Escolham um dos novilhos e preparem-no primeiro, visto que vocês são tantos. Clamem pelo nome do seu deus, mas não acendam o fogo".

26 Então pegaram o novilho que lhes foi dado e o prepararam. E clamaram pelo nome de Baal desde a manhã até o meio-dia. "Ó Baal, responde-nos!", gritavam. E dançavam em volta do altar que haviam feito. Mas não houve nenhuma resposta; ninguém respondeu.

27 Ao meio-dia Elias começou a zombar deles. "Gritem mais alto!", dizia, "já que ele é um deus. Quem sabe está meditando, ou ocupado, ou viajando. Talvez esteja dormindo e precise ser despertado."

28 Então passaram a gritar ainda mais alto e a ferir-se com espadas e lanças, de acordo com o costume deles, até sangrarem.

29 Passou o meio-dia, e eles continuaram profetizando em transe até a hora do sacrifício da tarde. Mas não houve resposta alguma; ninguém respondeu, ninguém deu atenção.

30 Então Elias disse a todo o povo: "Aproximem-se de mim". O povo aproximou-se, e Elias reparou o altar do SENHOR, que estava em ruínas.

31 Depois apanhou doze pedras, uma para cada tribo dos descendentes de Jacó, a quem a palavra do SENHOR tinha sido dirigida, dizendo-lhe: "Seu nome será Israel".

32 Com as pedras construiu um altar em honra ao nome do SENHOR e cavou ao redor do altar uma valeta na qual poderiam ser semeadas duas medidas de sementes.

33 Depois arrumou a lenha, cortou o novilho em pedaços e o pôs sobre a lenha. Então lhes disse: "Encham de água quatro jarras grandes e derramem-na sobre o holocausto e sobre a lenha".

34 "Façam-no novamente", disse, e eles o fizeram de novo. "Façam-no pela terceira vez", ordenou, e eles o fizeram pela terceira vez.

35 A água escorria do altar, chegando a encher a valeta.

36 À hora do sacrifício, o profeta Elias colocou-se à frente do altar e orou: "Ó SENHOR, Deus de Abraão, de Isaque e de Israel, que hoje fique conhecido que tu és Deus em Israel e que sou o teu servo e que fiz todas estas coisas por ordem tua.

37 Responde-me, ó SENHOR, responde-me, para que este povo saiba que tu, ó SENHOR, és Deus e que fazes o coração deles voltar para ti".

38 Então o fogo do SENHOR caiu e queimou completamente o holocausto, a lenha, as pedras e o chão, e também secou totalmente a água na valeta.

39 Quando o povo viu isso, todos caíram prostrados e gritaram: "O SENHOR é Deus! O SENHOR é Deus!"

40 Então Elias ordenou-lhes: "Prendam os profetas de Baal. Não deixem nenhum escapar!" Eles os prenderam, e Elias os fez descer ao riacho de Quisom e lá os matou.

41 E Elias disse a Acabe: "Vá comer e beber, pois já ouço o barulho de chuva pesada".

42 Então Acabe foi comer e beber, mas Elias subiu até o alto do Carmelo, dobrou-se até o chão e pôs o rosto entre os joelhos.

43 "Vá e olhe na direção do mar", disse ao seu servo. E ele foi e olhou. "Não há nada lá", disse ele. Sete vezes Elias mandou: "Volte para ver".

44 Na sétima vez o servo disse: "Uma nuvem tão pequena quanto a mão de um homem está se levantando do mar". Então Elias disse: "Vá dizer a Acabe: Prepare o seu carro e desça, antes que a chuva o impeça".

45 Enquanto isso, nuvens escuras apareceram no céu, começou a ventar e a chover forte, e Acabe partiu de carro para Jezreel.

46 O poder do SENHOR veio sobre Elias, e ele, prendendo a capa com o cinto, correu à frente de Acabe por todo o caminho até Jezreel.

No período em que o rei Acabe e a rainha Jezabel promoviam a adoração a Baal, o profeta Elias se levantou para restaurar a verdadeira adoração a Deus em Israel.

As características desse avivamento foram:

Desafio aos Profetas de Baal

Elias desafiou os profetas de Baal em um concurso no Monte Carmelo, onde Deus respondeu com fogo do céu, demonstrando Seu poder.

Arrependimento do Povo

Após este evento, o povo reconheceu o Senhor como o verdadeiro Deus, levando a um retorno à adoração genuína.

Poderia ficar apenas com esses 3 avivamentos do Antigo Testamento, mas não posso deixar de fora o avivamento de Ezequias, sem passar os versículos dessa vez, mas deixando aqui para que possam conferir **(2 Reis 18-20 e 2 Crônicas 29-32)**

Ezequias subiu ao trono em um momento de grande apostasia e idolatria em Judá. Seu pai, Acaz, havia promovido práticas pagãs e se afastado do Senhor. Ao assumir a liderança, Ezequias buscou reverter essa situação.

As características desse avivamento foram:

Purificação do Templo

Ezequias iniciou seu reinado com a purificação do Templo de Jerusalém, removendo ídolos e utensílios impuros. Ele convocou sacerdotes e levitas para se consagrarem e limparem o santuário.

Restauração do Culto

Após a purificação, Ezequias reestabeleceu os serviços do Templo, reiniciando os sacrifícios e a adoração ao Senhor conforme as instruções da Lei.

Celebração da Páscoa

Ezequias organizou uma grande celebração da Páscoa, convidando tanto os habitantes de Judá quanto os de Israel. Essa celebração foi significativa, pois muitos não haviam participado da Páscoa como mandado por Deus há muitos anos. O rei enviou mensageiros a todo o Israel, convocando o povo para se reunir em Jerusalém.

Arrependimento e Compromisso

Durante a celebração da Páscoa, o povo demonstrou arrependimento e um desejo de retornar à adoração ao Senhor.

Aqueles que não estavam purificados foram instruídos a se santificarem e a se comprometerem com o Senhor.

Apoio de Sacerdotes e Levitas

Os sacerdotes e levitas desempenharam um papel crucial na liderança do avivamento, ensinando a Lei e orientando o povo a seguir as diretrizes de Deus.

Reformas Religiosas

Além da restauração do Templo e da Páscoa, Ezequias removeu os altares e ídolos pagãos que ainda existiam em Judá. Ele destruiu a serpente de bronze que Moisés havia feito, pois os israelitas a estavam adorando.

Confiando em Deus em Tempos de Crise

Durante o reinado de Ezequias, Judá enfrentou a ameaça da Assíria. Ezequias buscou a ajuda do Senhor, orando e confiando que Deus protegeria Jerusalém. Deus respondeu à sua oração, enviando um anjo que destruiu os soldados assírios, resultando na salvação da cidade.

Capítulo 3

Avivamentos na Bíblia (Novo Testamento)

Posso afirmar que existiram mais avivamentos registados na Bíblia no Novo Testamento do que no Antigo Testamento, porque com facilidade quando falamos do Avivamento no Novo Testamento nos limitamos somente em falar de Actos 2, Actos 2 foi o Grande Avivamento do Novo Testamento, mas não foi o único!

Por Actos 2 ter sido o grande avivamento no Novo Testamento, eu creio que através dele podemos extrair lições importantes, então mais uma vez para esse capítulo o nosso foco será examinar o Avivamento de **Actos dos Apóstolos 2**.

Actos Cap. 2

1 Chegando o dia de Pentecoste, estavam todos reunidos num só lugar.

2 De repente veio do céu um som, como de um vento muito forte, e encheu toda a casa na qual estavam assentados.

3 E viram o que parecia línguas de fogo, que se separaram e pousaram sobre cada um deles.

4 Todos ficaram cheios do Espírito Santo e começaram a falar noutras línguas, conforme o Espírito os capacitava.

5 Havia em Jerusalém judeus, devotos a Deus, vindos de todas as nações do mundo.

6 Ouvindo-se o som, ajuntou-se uma multidão que ficou perplexa, pois cada um os ouvia falar em sua própria língua.

7 Atônitos e maravilhados, eles perguntavam: "Acaso não são galileus todos estes homens que estão falando?

8 Então, como os ouvimos, cada um de nós, em nossa própria língua materna?

9 Partos, medos e elamitas; habitantes da Mesopotâmia, Judeia e Capadócia, do Ponto e da província da Ásia,

10 Frígia e Panfília, Egito e das partes da Líbia próximas a Cirene; visitantes vindos de Roma,

11 tanto judeus como convertidos ao judaísmo; cretenses e árabes. Nós os ouvimos declarar as maravilhas de Deus em nossa própria língua!"

12 Atônitos e perplexos, todos perguntavam uns aos outros: "Que significa isto?"

13 Alguns outros, todavia, zombavam e diziam: "Eles beberam vinho demais".

14 Então Pedro levantou-se com os Onze e, em alta voz, dirigiu-se à multidão: "Homens da Judeia e todos os que vivem em Jerusalém, deixem-me explicar isto! Ouçam com atenção:

15 estes homens não estão bêbados, como vocês supõem. Ainda são nove horas da manhã!

16 Ao contrário, isto é o que foi predito pelo profeta Joel:

17 " 'Nos últimos dias, diz Deus, derramarei do meu Espírito sobre todos os povos. Os seus filhos e as suas filhas profetizarão, os jovens terão visões, os velhos terão sonhos.

18 Sobre os meus servos e as minhas servas derramarei do meu Espírito naqueles dias, e eles profetizarão.

19 Mostrarei maravilhas em cima, no céu, e sinais em baixo, na terra: sangue, fogo e nuvens de fumaça.

20 O sol se tornará em trevas e a lua em sangue, antes que venha o grande e glorioso dia do Senhor.

21 E todo aquele que invocar o nome do Senhor será salvo!'

22 "Israelitas, ouçam estas palavras: Jesus de Nazaré foi aprovado por Deus diante de vocês por meio de milagres, maravilhas e sinais que Deus fez entre vocês por intermédio dele, como vocês mesmos sabem.

23 Este homem foi entregue por propósito determinado e pré-conhecimento de Deus; e vocês, com a ajuda de homens perversos , o mataram, pregando-o na cruz.

24 Mas Deus o ressuscitou dos mortos, rompendo os laços da morte, porque era impossível que a morte o retivesse.

25 A respeito dele, disse Davi: " 'Eu sempre via o Senhor diante de mim. Porque ele está à minha direita, não serei abalado.

26 Por isso o meu coração está alegre e a minha língua exulta; o meu corpo também repousará em esperança,

27 porque tu não me abandonarás no sepulcro , nem permitirás que o teu Santo sofra decomposição.

28 Tu me fizeste conhecer os caminhos da vida e me encherás de alegria na tua presença'.

29 "Irmãos, posso dizer com franqueza que o patriarca Davi morreu e foi sepultado, e o seu túmulo está entre nós até o dia de hoje.

30 Mas ele era profeta e sabia que Deus lhe prometera sob juramento que poria um dos seus descendentes no trono.

31 Prevendo isso, falou da ressurreição do Cristo , que não foi abando-nado no sepulcro e cujo corpo não sofreu decomposição.

32 *Deus ressuscitou este Jesus, e todos nós somos testemunhas desse fato.*

33 *Exaltado à direita de Deus, ele recebeu do Pai o Espírito Santo prometido e derramou o que vocês agora veem e ouvem.*

34 *Pois Davi não subiu aos céus, mas ele mesmo declarou: " 'O Senhor disse ao meu Senhor: Senta-te à minha direita*

35 *até que eu ponha os teus inimigos como estrado para os teus pés'.*

36 *"Portanto, que todo o Israel fique certo disto: Este Jesus, a quem vocês crucificaram, Deus o fez Senhor e Cristo".*

37 *Quando ouviram isso, ficaram aflitos em seu coração e perguntaram a Pedro e aos outros apóstolos: "Irmãos, que faremos?"*

38 *Pedro respondeu: "Arrependam-se, e cada um de vocês seja batizado em nome de Jesus Cristo para perdão dos seus pecados, e receberão o dom do Espírito Santo.*

39 *Pois a promessa é para vocês, para os seus filhos e para todos os que estão longe, para todos quantos o Senhor, o nosso Deus, chamar".*

40 *Com muitas outras palavras os advertia e insistia com eles: "Salvem-se desta geração corrompida!"*

41 *Os que aceitaram a mensagem foram batizados, e naquele dia houve um acréscimo de cerca de três mil pessoas.*

42 *Eles se dedicavam ao ensino dos apóstolos e à comunhão, ao partir do pão e às orações.*

Capítulo 3: <u>Avivamentos na Bíblia (Novo Testamento)</u>

43 Todos estavam cheios de temor, e muitas maravilhas e sinais eram feitos pelos apóstolos.

44 Os que criam mantinham-se unidos e tinham tudo em comum.

45 Vendendo suas propriedades e bens, distribuíam a cada um conforme a sua necessidade.

46 Todos os dias, continuavam a reunir-se no pátio do templo. Partiam o pão em casa e juntos participavam das refeições, com alegria e sinceridade de coração,

47 louvando a Deus e tendo a simpatia de todo o povo. E o Senhor lhes acrescentava diariamente os que iam sendo salvos.

Após a ascensão de Jesus, os discípulos estavam reunidos em Jerusalém, aguardando a promessa do Espírito Santo.

As características desse avivamento foram:

Descida do Espírito Santo

No dia de Pentecostes, o Espírito Santo desceu sobre os discípulos, capacitando-os a falar em línguas e a pregar com ousadia.

Pregação de Pedro

Pedro pregou um sermão poderoso, levando cerca de 3.000 pessoas a se converterem e serem baptizadas.

Comunidade de Fé

O avivamento resultou na formação da primeira comunidade cristã, caracterizada pela partilha, comunhão e oração.

Encontramos aqui em Actos 2 o famoso Grande Avivamento do Novo Testamento, estudando o avivamento de Actos 2 algo chamou minha atenção referente aos avivamentos que aconteceram anteriormente na história. Nós percebemos que em todos os avivamentos anteriores existe um homem levantado por Deus para buscar esse avivamento, então que primeiro Deus avivava um homem e colocava nele o desejo de ver os outros avivados também, no Avivamento da **Rua Azusa** encontramos **William Seymour,** no **País de Gales Evan Roberts** e se Deus quiser em **Moçambique** o Avivamento pode ter o nome do **Evangelista Luís Maposse** (é uma possibilidade), que tem trabalhado muito na formação e crescimento espiritual de vários cristãos activos no País servindo a Deus.

Em **Lucas 24:49** encontramos o mesmo que Jesus falou com os discípulos em **Actos 1:4** Não saiam de Jerusalém, mas esperem pela promessa de meu Pai, da qual falei a vocês.

Havia necessidade deles permanecerem em Jerusalém até que do alto fossem revestidos de Poder, a Bíblia não diz quantos discípulos Jesus tinha, mas sabemos que os chamados para apóstolos eram 12.

1 Coríntios 15:6 o apóstolo Paulo diz que após a ressurreição de Jesus, ele apareceu a mais de 500 irmãos (discípulos). A Bíblia diz que a mais de 500 irmãos, mas vamos considerar apenas 500 discípulos que viram Jesus após sua ressurreição e com certeza andavam com ele após esse grande milagre, podemos notar que até mesmo em versões diferentes antes de ascender aos céus, a Bíblia diz que Jesus aparece aos discípulos, esses que nós consideramos mais de 500 irmãos.

E a recomendação que ficou foi de que eles não deveriam se ausentar de Jerusalém até que do alto fossem revestidos de poder, então um grupo de pessoas é colocada para buscar o revestimento de Deus, o que nesse livro podemos chamar de avivamento.

Mas por conta do longo período de busca, durante os 10 dias a Bíblia diz que eles se reuniam sempre para Orar, inclusive Maria mãe de Jesus e seus irmãos (**Actos 1:14**)

De cerca de 500 irmãos que que testemunharam a ressurreição de Jesus e foram recomendados a permanecer em Jerusalém, nós percebemos que agora só encontramos cerca de 120 irmãos buscando todos os dias, isso quer dizer que cerca de 380 irmãos desistiram de buscar o revestimento pela aparente demora do Espírito Santo.

Mas pela perseverança de cerca de 120 hoje nós fomos alcançados pelo avivamento buscado por esse número de pessoas, uma característica que encontramos em todos os avivamentos: Um grupo busca e uma nação inteira, até mesmo Continentes são beneficiados, hoje nós somos frutos de avivamentos anteriores, a reforma protestante foi considerada um avivamento e se hoje nós somos cristãos protestantes quer dizer que o avivamento da reforma chegou em nós também.

A nossa entrega, disponibilidade para poder buscar pelo avivamento de Deus nas nossas vidas não beneficiam somente a nós mesmos, mas os outros são beneficiados pela nossa busca. Quando a Igreja primitiva foi avivada nós pudemos ver o impacto dela, se você decidir buscar o avivamento na sua vida, as pessoas poderão ser impactadas e avivadas pelo facto de você ser avivado.

Não tem como meu vizinho vir em minha casa pedir fogo e eu lhe dar fogo sem que eu tenha o fogo...

Já dá para entender que o facto de eu buscar o avivamento existe um grupo de pessoas que pode ser beneficiada por isso, que tenhamos a noção de que Deus quer alcançar algumas pessoas através de nós, somente esteja disponível!

Eu já fui uma pessoa que fugiu de fazer algo para Deus, eu me sentia incapacitado, mas ao mesmo tempo eu não queria ser capacitado, era uma mistura de muitas coisas...

E fui vendo que Deus não depende de nenhum homem, se Deus quer fazer algo através de nós e mostramos indisponibilidade, Deus vai procurar alguém disponível e através dessa pessoa Deus fará a vontade Dele. Entenda que você não precisa estar capacitado para poder servir a Deus, apenas ofereça sua disponibilidade primeiro e a partir daí você verá Deus te capacitando e te oferendo oportunidades para poder estar mais preparado para sua Obra. Comece estando disponível, não apresente desculpas como eu, em alguns momentos quando precisavam de mim, mesmo não estando ocupado eu procurava uma ocupação só para poder justificar a minha indisponibilidade, conto isso agora por ser algo que ficou para trás, é um testemunho para mim.

Com base no que eu falei anteriormente vamos perceber que existe o avivamento pessoal (aquele que eu busco para minha vida), apesar de aparentemente não ser um avivamento de grande impacto vamos perceber que se eu sou avivado muitas outras pessoas serão avivadas através de mim, meu irmão se você não quer o avivamento na sua vida, busque pelos outros, Deus quer te usar, a Bíblia diz que nós somos o corpo e Cristo a cabeça da Igreja, por mais que cabeça queira fazer algo sem que as mãos que fazem parte do corpo colaborem, nada vai acontecer. Então que Deus faz e quer fazer muitas coisas através de nós, esteja disponível. Tome somente essa decisão: ESTAR DISPONÍVEL.

No capítulo a seguir vamos falar do avivamento individual e colectivo, **nenhum avivamento acontece sem ser buscado!**

Capítulo 4

Avivamento individual e co-lectivo

Quando nós vamos falar sobre o avivamento, podemos perceber que ele pode acontecer em duas perspectivas, individual assim como colectivo, olhando para a primeira perspectiva vamos entender que o avivamento individual acontece na nossa conversão , nem todo crente que frequenta alguma igreja é convertido. O apóstolo Pedro andou com Jesus durante 3 anos, mas não era convertido, olhando também para mim mesmo, cresci na Igreja, mas não era convertido (e como sempre digo: crescer na igreja não quer dizer nada, o diabo nasceu no céu mas mesmo assim é diabo), passado alguns anos eu me converti e quando isso aconteceu, automaticamente houve um avivamento na minha vida, um despertamento no qual eu conto no meu livro anterior EM BUSCA DA SANTIDADE. O avivamento é marcado por alguma mudança! Quando já conversão verdadeira, nós encontramos um verdadeiro avivamento em cada crente que passa a se tornar não apenas crente, mas cristão. Sim, existe diferente entre ser apenas crente é cristão, nem todo crente é cristão, mas todo cristão é um crente.

Características do avivamento individual são:

Renovação espiritual

Começamos a sentir uma paixão e desejo de buscar a Deus, usamos os meios disponíveis para buscar a Deus através da oração, leitura da palavra e adoração de modo que possamos estar mais pertos de Deus.

Arrependimento

Reconhecimento profundo dos nossos pecados e um sincero interesse de se afastar dos nossos pecados, buscando a santidade e obediência a Deus, isso acontece quando aquilo que a

Bíblia diz se torna prioridade para nós. **Transformação de Vida**

O avivamento pessoal leva mudança significativa nas nossas vidas, nos tirando do estágio de crentes somente, para cristãos, sim há uma diferença entre ser crente e ser cristão, todo cristão é crente, mas nem todo crente é cristão.

A Busca por Comunhão

Anteriormente eu compartilhei que eu era alguém que procurava ocupações de modo a não estar disponível para fazer algo para Deus e de certa forma fugia da comunhão com os outros, porque eu queria que trabalhar com os outros na obra. Mas após a minha conversão, o que eu chamo de do primeiro avivamento na vida do crente eu procurei me reunir aos outros irmãos cristãos que se encontravam activos na obra e eu aprendia muito com eles de modo que pudesse ser estimulado a servir através do servir deles

Desejo de compartilhar a fé

É difícil permanecer calado diante das coisas que Deus tem feito nas nossas vidas, surge o desejo, a necessidade de compartilhar com alguém o que aconteceu connosco após o encontro com Jesus, a necessidade de falar do Jesus que nos salvou aos outros de modo que eles possam também ser salvos, a evangelização é inevitável.

Porque nós testemunhamos aquilo que está escrito e aquilo que também vimos Deus fazer nas nossas vidas (o evangelismo é inevitável). Quando falo do evangelismo eu entendo que ele começa a partir do momento que compartilhamos a mensagem do evangelho com alguém, ainda que seja para uma pessoa, é evangelismo sim, evangelismo não é sobre quantidade de pessoas. Mas se puder evangelizar muitas pessoas faça, só mesmo para fazer entender aos outros ainda em crescimento na fé que evangelizar uma pessoa inicialmente também é evangelismo.

É através do avivamento pessoal que as pessoas ao nosso redor são impactadas, se pessoas ao meu redor são impactadas o avivamento começa a tomar outras proporções, se o meu bairro ou distrito é avivado, através deles (pessoas avivadas) o avivamento irá para outras províncias, para outras nações e para outros continentes, de onde tudo isso começa? Através de um avivamento individual! Através de uma pessoa que desejou por isso e com a ajuda do Espírito Santo começou a ver os resultados da sua busca, na maioria dos avivamentos relatados nós podemos perceber que aconteceu dessa forma, o avivamento no seu país pode vir de você, esteja disposto a buscar por ele.

Avivamento Colectivo

O avivamento colectivo é fruto de um avivamento individual, só uma pessoa avivada pode desejar que uma igreja, comunidade ou nação seja também avivada, é loucura eu querer que a minha igreja tenha uma vida de oração enquanto eu não tenho uma vida de oração, querer que a minha igreja seja avivada enquanto eu não sou avivado. Se o povo que se encontrava em Jerusalém foi impactado pela mensagem do evangelho de modo que cerca de 3000 pessoas aceitaram a Jesus, foi por conta das pessoas que se encontravam buscando durante 10 dias, pode ser que precisemos buscar mais do que 10 dias, nem que seja para buscar durante 5 anos, vale a pena buscar por isso!

Em Moçambique eu fiz menção de um nome, mas é uma possibilidade, quem sabe o avivamento em Moçambique possa vir de você caro leitor moçambicano, ainda que você não seja moçambicano, independe do lugar que você viva o avivamento da sua nação pode depender de você. **O avivamento vem de pessoas inconformadas com o estado espiritual da nação.**

Características do avivamento colectivo são:

Movimento do Espírito Santo

É frequentemente marcado por uma intensa consciência da presença de Deus, acompanhada de manifestações do Espírito Santo.

Multiplicação de Convertidos

Um número significativo de pessoas se converte à fé, resultando em um crescimento rápido da igreja e da comunidade cristã. Após os discípulos terem sido avivados em Actos 2, nós encontramos primeiro cerca de 3000 almas que aceitaram a Jesus e isso não parou por ai, dos mesmos discípulos avivados a Bíblia diz em Actos 2:47 que o Senhor acrescentava à Igreja aqueles que se haviam de salvar, a forma de viver deles fazia com que o crescimento da Igreja fosse inevitável.

Restauração da Adoração

Há um retorno à verdadeira adoração, com ênfase na oração, louvor e ensino bíblico.

Impacto Social

O avivamento colectivo pode levar a mudanças sociais, como justiça, compaixão e cuidado pelos necessitados, reflectindo os valores do Reino de Deus.

Eu comecei a levar mais a sério a oração pela nossa nação, quando entendi que só Deus pode trazer as transformações que nós tanto desejamos, só Deus pode fazer com que o nosso governo que muitas das vezes funciona de forma injusta e sem temer ninguém, procure trabalhar e servir o povo de forma justa. Sim, nós precisamos de um avivamento na nossa nação, só Deus pode tirar o egoísmo de nossos líderes e fazer com que eles sirvam as pessoas da forma que eles se comprometeram a servir. Precisamos Orar pelo avivamento na nossa nação! Apenas comece, até mesmo os que não quiserem entrar nessa causa serão beneficiados pela sua busca pelo avivamento na nossa nação. **É através da oração que o avivamento é chamado.**

Capítulo 5

O papel do Espírito Santo no Avivamento

Tenha isso em mente, **sem o Espírito Santo, não há Avivamento!**

O Espírito Santo desempenha um papel crucial no avivamento, tanto individual quanto colectivo. Sua actuação é fundamental para trazer renovação espiritual, transformação e empoderamento na vida dos crentes e nas comunidades. Aqui estão algumas das principais funções do Espírito Santo no avivamento:

Convicção do Pecado

Conscientização: O Espírito Santo convence as pessoas de seus pecados, levando-as a reconhecer a necessidade de arrependimento e de um relacionamento renovado com Deus.

E, quando ele vier, convencerá o mundo do pecado, e da justiça, e do juízo:

João 16:8

Despertar Espiritual: Essa convicção é muitas vezes o ponto de partida para o avivamento, pois faz com que os indivíduos se voltem para Deus em busca de perdão e restauração.

Transformação e Renovação

Mudança de Coração: O Espírito Santo realiza uma transformação interior, capacitando os crentes a viverem de acordo com os princípios de Deus e a reflectirem o carácter de Cristo.

Assim que, se alguém está em Cristo, nova criatura é: as coisas velhas já passaram; eis que tudo se fez novo.

2 Coríntios 5:17

Frutos do Espírito: O avivamento é frequentemente acompanhado pelo desenvolvimento dos frutos do Espírito (**Gála-**

tas 5:22-23), como amor, alegria, paz e bondade, que se manifestam na vida dos crentes.

Mas o fruto do Espírito é: amor, gozo, paz, longanimidade, benignidade, bondade, fé, mansidão, temperança. Contra essas coisas não há lei.

Gálatas 5:22-23

Empoderamento para o Serviço

Capacitação: O Espírito Santo capacita os crentes a realizarem obras de serviço e ministério, fornecendo-lhes os dons espirituais necessários para edificar a Igreja e impactar a sociedade.

Há diferentes tipos de dons, mas o Espírito é o mesmo. Há diferentes tipos de ministérios, mas o Senhor é o mesmo. Há diferentes formas de atuação, mas é o mesmo Deus quem efetua tudo em todos. A cada um, porém, é dada a manifestação do Espírito, visando ao bem comum. Pelo Espírito, a um é dada a palavra de sabedoria; a outro, pelo mesmo Espírito, a palavra de conhecimento; a outro, fé, pelo mesmo Espírito; a outro, dons de curar, pelo único Espírito; a outro, poder para operar milagres; a outro, profecia; a outro, discernimento de espíritos; a outro, variedade de línguas; e ainda a outro, interpretação de línguas. Todas essas coisas, porém, são realizadas pelo mesmo e único Espírito, e ele as distribui individualmente, a cada um, como quer.

1 Coríntios 12:4-11

Coragem e Ousadia: Ele dá ousadia para testemunhar e compartilhar o evangelho, como visto nos apóstolos após a descida do Espírito em Pentecostes.

Depois de orarem, tremeu o lugar em que estavam reunidos; todos ficaram cheios do Espírito Santo e anunciavam corajosamente a palavra de Deus.

Actos 4:31

Unidade na Comunidade

Harmonia entre os Crentes: O Espírito Santo promove a unidade entre os crentes, superando barreiras culturais, sociais e raciais. Essa unidade é essencial para o avivamento colectivo.

Façam todo o esforço para conservar a unidade do Espírito pelo vínculo da paz. Há um só corpo e um só Espírito, assim como a esperança para a qual vocês foram chamados é uma só;

Efésios 4:3-4

Comunhão: O Espírito Santo facilita uma verdadeira comunhão entre os membros da Igreja, promovendo um ambiente de amor, aceitação e apoio mútuo.

Guiar e Ensinar

Direcção Espiritual: O Espírito Santo guia os crentes em toda a verdade, ajudando-os a entender a Palavra de Deus e a aplicá-la em suas vidas.

Mas, quando o Espírito da verdade vier, ele os guiará a toda a verdade. Não falará de si mesmo; falará apenas o que ouvir, e anunciará a vocês o que está por vir.

João 16:13

Revelação: Durante um avivamento, o Espírito Santo pode trazer revelações e novas compreensões da Escritura, levando as pessoas a uma experiência mais profunda de adoração e obediência, espero que não se escandalizem com essa parte. Todas essas revelações e novas compreensões serão acordadas com a igreja, a Igreja tem o papel de julgar e após o julgamento correcto, podemos perceber que isso vai prevalecer, Paulo nos encorajava até mesmo a Igreja de Coríntio a julgarem o que ele dizia nas cartas.

Acção em Grande Escala

Movimento Colectivo: O Espírito Santo é o agente que provoca e sustenta avivamentos colectivos, unindo o povo de Deus em oração, adoração e evangelismo.

Manifestação de Poder: A actuação do Espírito é muitas vezes acompanhada por sinais e maravilhas, que confirmam a mensagem do evangelho e atraem mais pessoas para a fé.

Todos estavam cheios de temor, e muitas maravilhas e sinais eram feitos pelos apóstolos.

Actos 2:43

Não nos esqueçamos de buscar as manifestações do Poder de Deus quando buscamos pelo avivamento, é possível haver avivamento sem as manifestações de sinais e milagres? Sim, é possível. Mas não vamos normalizar isso, nos precisamos dessas manifestações. Deus é o mesmo ontem, hoje e eternamente e as mesmas manifestações descritas na Bíblia ainda estão disponíveis hoje. Nenhum dom cessou, os que defendem isso tem preguiça de buscar os dons e são os mesmos que criticam o falar em línguas estranhas só porque não falam, deve haver humildade de modo que Deus nos faça experimentar aquilo que os discípulos da Igreja primitiva também experimentaram e é suposto que experimentemos mais do Poder de Deus além daquilo que encontramos escritos.

Na verdade, na verdade vos digo que aquele que crê em mim também fará as obras que eu faço e as fará maiores do que estas, porque eu vou para meu Pai. **João Cap. 14:12**

Capítulo 6

Como Buscar e Manter a Chama Acesa na Vida Pessoal?

Manter a chama do avivamento acesa na vida pessoal é essencial para o crescimento espiritual contínuo e para um relacionamento profundo com Deus. Aqui estão algumas práticas e princípios que podem ajudar nesse processo:

Dedicação à Oração

Estabeleça um Tempo Regular: Reserve momentos diários para orar, buscando um diálogo sincero com Deus. A oração é fundamental para fortalecer sua conexão com Ele.

Variedade na Oração: Experimente diferentes formas de oração, como adoração, intercessão, agradecimento e confissão, para enriquecer sua vida de oração.

Oração de Adoração

A oração de adoração é aquela em que exaltamos a grandeza de Deus e reconhecemos a Sua santidade, poder e majestade. Nessa forma de oração, o foco não está em nós mesmos ou em nossas necessidades, mas inteiramente em Deus. Nós simplesmente O adoramos por quem Ele é. Quando oramos em adoração, expressamos nossa reverência e amor, declarando a glória de Deus e reconhecendo Seu senhorio sobre todas as coisas. Apesar de que quase em todas as orações que fazemos na maioria das vezes começamos em forma de adoração, mas depois apresentamos as nossas petições, existe a necessidade em algum momento de entrar na Presença de Deus só para adorar a Deus em oração.

Dai ao Senhor a glória devida ao seu nome, adorai o Senhor na beleza da santidade

Salmo 29:2

Oração de Intercessão

A intercessão é a oração em que oramos em favor de outras pessoas. Neste tipo de oração, nos colocamos na brecha, como mediadores, para suplicar a Deus por misericórdia, bênção ou intervenção divina na vida de outros. Intercedemos por familiares, amigos, líderes, pela Igreja, por nações e até por aqueles que não conhecemos. A intercessão reflecte o coração de Jesus, que intercede constantemente por nós (**Hebreus 7:25**), e nos ensina a ter compaixão e um amor sacrificial pelos outros.

Porém Moisés suplicou ao Senhor, seu Deus, e disse: Ó Senhor, por que se acende o teu furor contra o teu povo, que tu tiraste da terra do Egito com grande força e com forte mão? Por que hão de falar os egípcios, dizendo: Para mal os tirou, para matá-los nos montes e para destruí-los da face da terra? Torna-te da ira do teu furor e arrepende-te deste mal contra o teu povo. Lembra-te de Abraão, de Isaque e de Israel, teus servos, aos quais por ti mesmo tens jurado e lhes disseste: Multiplicarei a vossa semente como as estrelas dos céus e darei à vossa semente toda esta terra, de que tenho dito, para que a possuam por herança eternamente. Então, o Senhor arrependeu-se do mal que dissera que havia de fazer ao seu povo.

Êxodo 32:11-14

Moisés intercedeu pelo povo de Israel, pedindo a Deus que não os destruísse.

Oração de Agradecimento

A oração de agradecimento é uma forma de expressar nossa gratidão a Deus por todas as Suas bênçãos, por quem Ele é e pelo que Ele tem feito. Esta oração nos ajuda a reconhecer que tudo o que temos vem das mãos de Deus, e que somos dependentes de Sua graça e provisão. Ao praticar a gratidão, mantemos um coração humilde e consciente das inúmeras maneiras pelas quais Deus cuida de nós. Agradecer a Deus em todas as circunstâncias, até nas difíceis, nos fortalece na fé.

em tudo, dai graças; porque esta é a vontade de Deus em Cristo Jesus para convosco.

1 Tessalonicenses 5:18

Oração de Confissão

A oração de confissão é quando reconhecemos nossos pecados diante de Deus e pedimos Seu perdão. Ela é essencial para manter nosso relacionamento com o Deus saudável e restaurado. Quando confessamos, estamos de acordo com

Deus sobre nossa condição de pecadores e recebemos Seu perdão e purificação. Confessar nossos erros nos permite viver em liberdade e alinhamento com a vontade de Deus. Também nos ajuda a caminhar em arrependimento contínuo, buscando sempre a santidade.

Estudo e Meditação da Bíblia

Estudo e Meditação Consistente: Leia a Bíblia diariamente e estude-a de maneira profunda. Isso ajudará a compreender melhor a vontade de Deus e a aplicar os princípios bíblicos à sua vida. Reserve um tempo para meditar sobre os versículos lidos, permitindo que o Espírito Santo revele significados e aplicações pessoais.

Aqui há necessidade de ser disciplinado! Se ser disciplinado funciona com os não cristãos, imagine para um cristão.

Participação em Comunidade

Envolva-se em uma Igreja: Faça parte de uma comunidade de fé onde você possa adorar, aprender e servir ao lado de outros cristãos.

Fazer parte de uma igreja é essencial para a vida cristã, pois oferece uma comunidade de apoio onde os crentes podem adorar, aprender e servir juntos, fortalecendo sua fé e sua caminhada com Deus. Na igreja, a adoração colectiva desempenha um papel central, permitindo que os crentes louvem e exaltem a Deus em unidade, cumprindo o chamado bíblico de nos reunirmos para adorá-Lo **(Hebreus 10:25)**. Esse momento de adoração colectiva promove uma manifestação especial da presença de Deus, renovando os corações e enchendo os crentes de Sua paz e alegria. Quando adoramos juntos, somos lembrados de que fazemos parte de algo maior que nós mesmos, uma família espiritual que adora o Criador em espírito e em verdade.

Além disso, a igreja é um lugar de aprendizado contínuo, onde somos alimentados pela Palavra de Deus. Pastores e líderes são chamados para ensinar as Escrituras, ajudando a comunidade a crescer em sabedoria e compreensão da verdade bíblica. A comunhão com outros irmãos oferece oportunidades para aprender e compartilhar experiências, testemunhos e conselhos que nos ajudam a enfrentar desafios e crescer espiritualmente. Estar inserido numa igreja nos ajuda a manter o foco nas coisas de Deus, aprofundando nosso relacionamento com Ele e com Sua Palavra.

Outro aspecto essencial de fazer parte de uma igreja é o serviço. A igreja é o corpo de Cristo, e cada membro tem um papel específico para cumprir **(1 Coríntios 12:12-27)**. Servir na igreja permite que coloquemos em prática os dons que Deus nos deu, seja em ministérios, no cuidado de outras pessoas ou em acções sociais. O serviço nos ajuda a seguir o exemplo de Cristo, que veio para servir e não para ser servido. Ao nos envolvermos no serviço, crescemos em humildade, amor e compaixão, experimentando o poder transformador de Deus em nossas vidas e impactando a vida de outras pessoas. Em resumo, fazer parte de uma igreja nos proporciona adoração colectiva, aprendizado profundo e oportunidades de servir, fortalecendo a nossa fé e contribuindo para o crescimento espiritual individual e da comunidade cristã.

Pequenos Grupos: Participe de grupos de estudo bíblico ou de oração, onde você pode compartilhar experiências, apoiar uns aos outros e crescerem juntos, tem algo que eu sempre digo: Posso até ter crescido espiritualmente na maioria das vezes sozinho, mas o Cristianismo não foi feito para viver sozinho. Se quiser viver sozinho como cristão, você não vai muito longe nessa caminhada infelizmente...

É possível viver sozinho como cristão sim, mas que não seja opcional!

Cultivo de uma Vida de Louvor

Adoração Pessoal: Ouça músicas cristãs, cante ou use hinos que elevam seu espírito e o aproximam de Deus. A adoração é uma forma poderosa de expressar amor e gratidão a Deus. Tenho cerca de 8Gb de músicas cristãs no meu celular, escolhi somente escutar e ter músicas cristãs no meu celular, o que tem me ajudado muito a estar em constante comunhão com Deus, em suas letras (de músicas cristãs) eu ouço a palavra de Deus sendo cantada e isso me ajuda muito.

Agradecimento: Mantenha uma atitude de gratidão, reconhecendo as bênçãos e a fidelidade de Deus em sua vida. Tenha o hábito de ver sempre Deus até mesmo nos pequenos acontecimentos.

Compromisso com a Santidade

Reflexão sobre o Pecado: Esteja atento às áreas de sua vida que podem afastá-lo de Deus, fazer isso me ajudou muito a abrir mão de algo que estava me afastando de Deus e era referente a área financeira, talvez numa outra oportunidade eu conte sobre isso. Pratique o arrependimento e busque viver em santidade.

Tomada de Decisões: Escolha activamente acções, pensamentos e relacionamentos que reflictam sua fé e compromisso com Cristo.

Serviço e Ministérios

Envolvimento em Serviço: Participe de actividades que atendam às necessidades da comunidade e da igreja. O serviço ao próximo é uma expressão prática da sua fé. E além de ser uma expressão prática da sua fé, envolver-se em serviços na casa de Deus nos ajuda a mantermo-nos cristãos, já acompanhei varias testemunhos de pessoas que permaneceram na fé e o que lhes fez permanecer foi o servir, acredito que foi o meio usado por Deus para manter firmes no cristianismo os que testemunharam isso.

Descubra seus Dons: Identifique e utilize os dons que Deus lhe deu para servir ao corpo de Cristo e impactar outras vidas e se não conseguir descobrir, busque os dons para poder servir a sua Igreja além das suas capacidades normais, com a ajuda do Espírito Santo.

Estudo e Leitura de Livros Espirituais

Livros de Crescimento Espiritual: Leia livros que desafiem sua fé e ofereçam novas perspectivas sobre a vida cristã, avivamento e espiritualidade.

Biografias de Santos: Inspire-se com as vidas de pessoas que viveram avivamentos e experimentaram uma fé vibrante. Considere ser selectivo!

Buscar a Orientação do Espírito Santo

Abertura à Direcção do Espírito: Esteja disposto a ouvir e seguir a liderança do Espírito Santo em sua vida. Esteja atento às impressões e convicções que Ele traz ao seu coração.

Oração por Sensibilidade: Peça a Deus para torná-lo mais sensível à voz do Espírito Santo e às suas orientações. Foi o meu ponto de oração por muitos anos.

Viver com Expectativa e Esperança

Confiança em Deus: Confie na fidelidade de Deus e mantenha uma atitude positiva, mesmo em tempos difíceis. A esperança alimenta a chama da fé.

Objectivos Espirituais: Estabeleça metas espirituais e busque constantemente crescer na sua relação com Deus.

Manter a chama do avivamento acesa na vida pessoal exige esforço e comprometimento, mas é uma jornada gratificante que leva a um relacionamento mais profundo com Deus e a uma vida mais plena. Ao integrar essas práticas em sua rotina, você pode experimentar um crescimento contínuo e uma renovação espiritual que impacta não apenas sua vida, mas também a vida das pessoas ao seu redor. TENHA DISCIPLINA TAMBÉM!

Capítulo 7

O Papel dos Sinais e Milagres no Avivamento

Sou Cristão Pentecostal e não posso deixar de fora os sinais e milagres no avivamento, não podemos normalizar os avivamentos sem sinais e milagres (não estou dizendo que se não houverem sinais e milagres não houve avivamento) não me interpretem mal.

Após o avivamento individual, eu não vou orar somente para que os outros também sejam avivados, mas eu tenho que trabalhar para que os outros sejam avivados e o meio a ser usado para que os outros sejam avivados é a pregação da palavra de Deus, a minha forma de ser, estar, falar e tudo mais pode até pregar alguma mensagem a alguém que preste atenção a isso, mas é através da boca que o evangelho é compartilhado. Posso ter uma vida santa, mas sem abrir minha boca para falar de Cristo, para os que nunca ouviram falar dele, podem até me considerar conservador e não Cristão directamente.

Aprendi num dos livros do Pastor Hernandes Dias Lopes (PAULO, O MAIOR LÍDER DO CRISTIANISMO) que o evangelho deve ser pregado aos ouvidos e também aos olhos (através de sinais e milagres), apesar dele ser um pastor reformado, ele enfatiza muito a importância do poder de Deus manifesto em sinais e milagres e louvo a Deus pela vida dela. E você meu irmão, precisamos buscar o poder de Deus, se não for suficiente para alguém ouvir que Jesus cura e liberta, ela precisa ver isso acontecer!

Era o normal da Igreja primitiva, mas deixou de ser normal nas igrejas dos dias de hoje porque nós temos preguiça e inconstância para buscar o poder de Deus, não estamos dispostos a pagar o preço, investir tempo na Presença de Deus buscando esse poder que ainda está disponível para a Igreja de hoje.

Que possamos sair do nível de pregar sobre cura e ao invés de no culto haver cura de enfermidades físicas, não mudemos a mensagem para enfermos espirituais. O PODER AINDA ESTÁ DISPONÍVEL, OS SINAIS E MILAGRES AINDA ESTÃO DISPONÍVEIS!

Os sinais e milagres desempenham um papel significativo no avivamento, actuando como evidências da presença e do poder de Deus. Eles podem impactar tanto a vida pessoal dos crentes quanto a comunidade em geral, contribuindo para o crescimento espiritual e a propagação da fé. Aqui estão algumas maneiras em que os sinais e milagres influenciam os avivamentos:

Confirmação da Mensagem do Evangelho

Evidência do Poder de Deus: Sinais e milagres servem como demonstrações tangíveis do poder de Deus, confirmando a verdade do evangelho e a mensagem dos pregadores.

Então, os discípulos saíram e pregaram por toda parte; e o Senhor cooperava com eles, confirmando-lhes a palavra com os sinais que a acompanhavam.

Marcos 16:20

Impacto na Credibilidade: Eles aumentam a credibilidade da mensagem cristã, levando mais pessoas a considerar a fé e a aceitar a salvação.

Despertamento Espiritual

Atracção da Atenção: Sinais e milagres atraem a atenção das pessoas e despertam interesse espiritual, levando-as a buscar a verdade de Deus.

Todos estavam cheios de temor, e muitas maravilhas e sinais eram feitos pelos apóstolos.

Actos 2:43

Impacto Emocional: O testemunho de milagres pode gerar emoções profundas e uma resposta espiritual, encorajando os indivíduos a se voltarem para Deus. Vemos aqui a importância de colher testemunhos.

Renovação da Fé

Fortalecimento da Crença: Milagres pessoais ou colectivos podem rejuvenescer a fé de crentes que estavam desanimados ou enfrentando dúvidas, trazendo um novo fervor espiritual.

Ora, a fé é a certeza daquilo que esperamos e a prova das coisas que não vemos.

Hebreus 11:1

Testemunhos Poderosos: Os relatos de milagres criam testemunhos poderosos que podem encorajar outros a confiar em Deus e a esperar por Sua intervenção.

Transformação de Vidas

Cura e Libertação: Os sinais de cura e libertação demonstram o amor e a compaixão de Deus, trazendo esperança e transformação às vidas afectadas por problemas físicos, emocionais ou espirituais.

Disse Pedro: "Não tenho prata nem ouro, mas o que tenho, isto lhe dou. Em nome de Jesus Cristo, o Nazareno, ande". Segurando-o pela mão direita, ajudou-o a levantar-se, e imediatamente os pés e os tornozelos do homem ficaram firmes. E de um salto pôs-se em pé e começou a andar. Depois entrou com eles no pátio do templo, andando, saltando e louvando a Deus.

Actos 3:6-8

Mudança de Coração: Milagres podem resultar em transformações profundas na vida das pessoas, levando-as a um compromisso renovado com Deus.

Unidade e Comunhão

Reforço da Comunidade: Experiências de avivamento frequentemente criam um senso de unidade entre os crentes, à medida que todos testemunham e celebram a obra de Deus juntos.

Os que criam mantinham-se unidos e tinham tudo em comum. Vendendo suas propriedades e bens, distribuíam a cada um conforme a sua necessidade. Todos os dias, continuavam a reunir-se no pátio do templo. Partiam o pão em casa e juntos participavam das refeições, com alegria e sinceridade de coração, louvando a Deus e tendo a simpatia de todo o povo. E o Senhor lhes acrescentava diariamente os que iam sendo salvos.

Actos 2:44-47

Comprovação do Espírito Santo: Os sinais e milagres manifestam a presença do Espírito Santo, fortalecendo a comunhão e o amor entre os membros da igreja.

Oportunidade de Testemunho

Evangelismo: Sinais e milagres proporcionam oportunidades naturais para compartilhar o evangelho e dar testemunho da obra de Deus.

Pois não podemos deixar de falar do que vimos e ouvimos.

Actos 4:20

Impacto na Sociedade: Eles podem levar a um impacto social, onde aqueles que experimentam milagres compartilham suas histórias com amigos, familiares e a comunidade, ampliando a influência da fé cristã.

Promoção da Adoração e Louvor

Reacção Natural: O reconhecimento de milagres e sinais leva as pessoas a adorar e louvar a Deus, resultando em um ambiente de adoração fervorosa.

*Então a nossa boca encheu-se de riso e a nossa língua de cantos de alegria. Até nas outras nações se dizia: **"O SENHOR fez coisas grandiosas por este povo"**.*

Salmo 126:2

Celebração da Glória de Deus: Milagres são motivos para celebrar a glória de Deus e Sua fidelidade, intensificando a atmosfera de avivamento.

Tudo o que compartilho neste livro sobre o avivamento nasce da transformação que vivi no meu próprio encontro com Cristo. O avivamento pessoal que aconteceu na minha conversão trouxe uma mudança radical na minha vida espiritual, me levando a experimentar a presença viva de Deus e um desejo profundo de conhecê-Lo mais. Essa experiência pessoal é o que me motiva a compartilhar sobre o avivamento e seu poder de transformar vidas.

Embora eu recomende fortemente a leitura de outros livros sobre avivamento para aprofundar seu entendimento e inspiração, acredito que o que você aprendeu aqui já pode ser o ponto de partida para buscar um avivamento em sua própria vida. O avivamento começa no coração de cada um de nós, mas seu impacto vai muito além – ele pode transformar famílias, igrejas, comunidades e até mesmo nações.

Busque o avivamento em sua vida através da oração, da leitura da Palavra e da entrega total a Deus. A partir disso, você pode ser um instrumento nas mãos de Deus para trazer transformação ao mundo ao seu redor. Que Deus avive seu coração e o use poderosamente para fazer diferença nesta geração!

O hábito de Orar e Ler a Bíblia mudaram a minha vida e foi através desses hábitos que eu tive um encontro verdadeiro com Cristo, não espere ter um encontro primeiro para começar a Orar e Ler (Estudar) a Bíblia, comece lendo e orando que você terá esse encontro com Cristo, é inevitável!

OREM POR MIM...

É o único pedido individual que faço aos leitores dos meus livros enquanto eu estiver vivo!